Nuestro Agradecimiento a cada persona que ha
acompañado este libro ilustrado en su creación, con su
ánimo y su aliento, sea en persona o de forma virtual.
Y Gracias a cada persona que le hará un lugar en su vida.

Francis y Cristina.

Colección *Cuentos en Tribu*

Agradecimimento: Natividad Jiménez y Mayerling Perluzzo

Apdo. de correos 122
Tegueste 38280. S/C de Tenerife
www.obstare.com | obstare@obstare.com

Tercera edición: primavera 2016
ISBN: 978-84-945423-1-2
Depósito legal: TF 251-2016
Impresión: Gráficas Lasa
Impreso en España

Impreso en papel ecológico

El Libro Rojo de las Niñas

Cristina Romero & Francis Marín

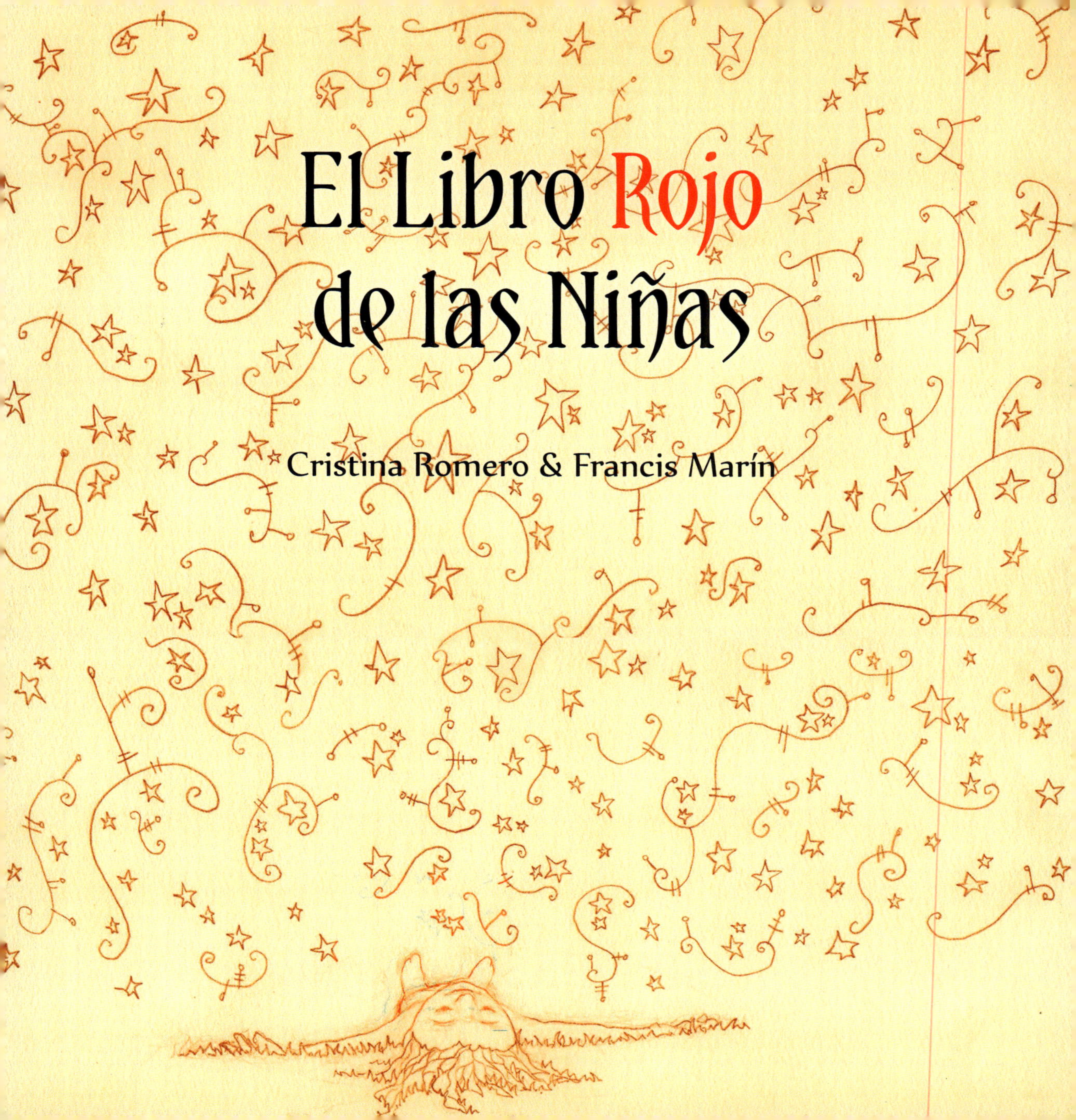

Las niñas somos poderosas.
Tú misma eres una niña poderosa.

Y si alguna vez lo olvidas...
Juntas podremos recordarlo.

Nuestro poder es silencioso e invisible.

Y palpita desde siempre en tu interior.

Tú eres valiosa y eres única.
Nadie más es ni será nunca como tú.

Naciste para expresar a tu manera
lo que es estar viva.

Tu cuerpo es y será siempre sabio.
Y aunque cambie, lo hará para que puedas
expresarte de nuevas formas.
Pero siempre seguirás siendo tú misma.

Y el poder que habita en ti, crecerá contigo.
EL PODER DE OBEDECERTE E IR SIEMPRE
A FAVOR DE TI MISMA.
El poder que te lleva a escuchar y respetar la Vida,
con sus ciclos y sus ritmos, allá donde tú estás.

Este gran poder se activará intensamente en ti
con la llegada de la menstruación.
En cada ciclo, junto al viaje de tu propio óvulo,
podrás acompañar la marea dentro de ti.

Esa sangre que tu sabio cuerpo
deja salir voluntariamente,
en sintonía con la Luna,
ES LA SANGRE DE LA VIDA.

Y te permite reciclar tu cuerpo, tu mente,
tus emociones, tu energía y tu espíritu.
Como si una parte de ti misma renaciera de nuevo,
mes a mes, luna a luna.
Igual que renace la Naturaleza
de la que tú formas parte.

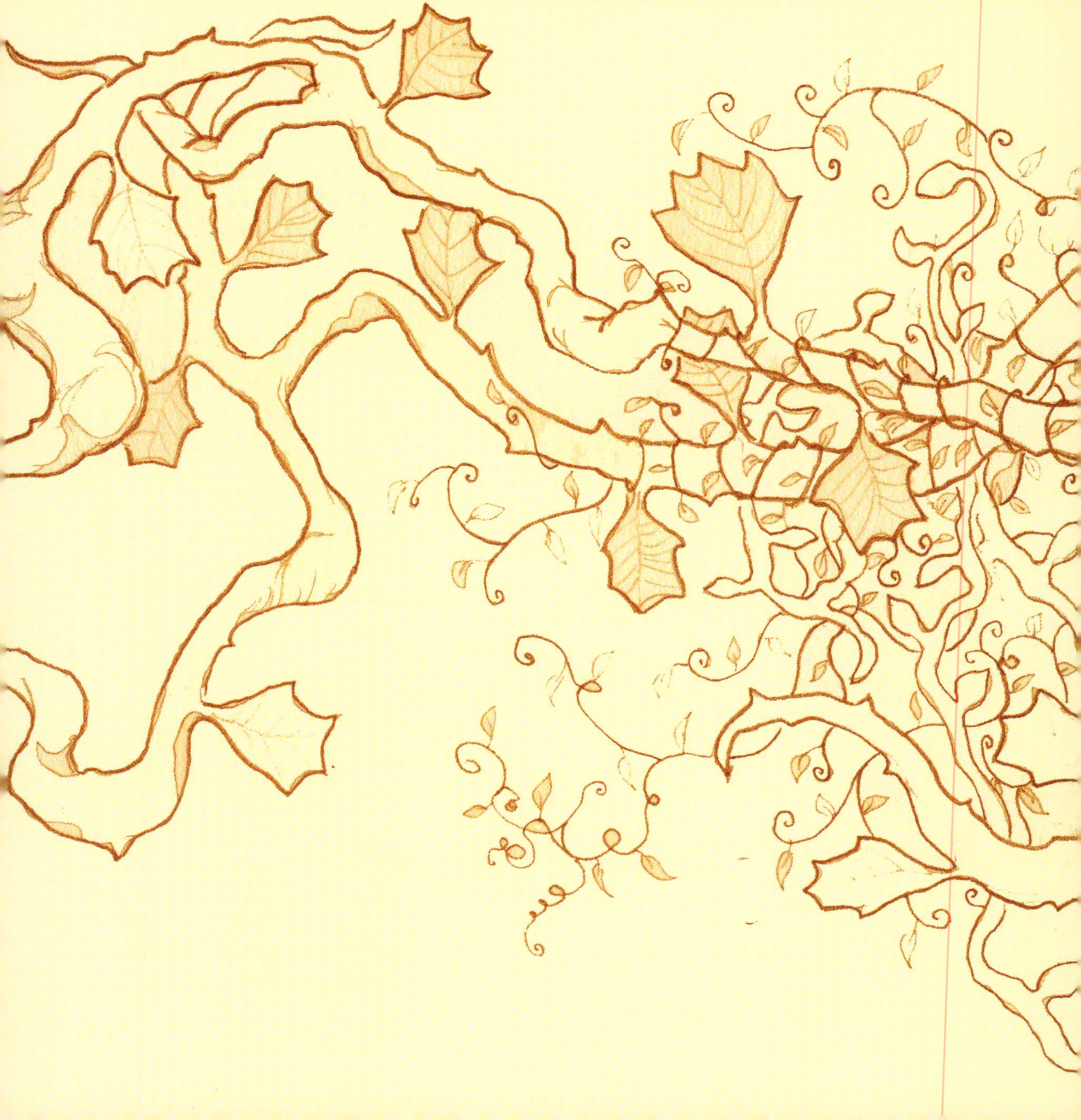

Todo cambia dentro y fuera de ti.
Como la Naturaleza, no siempre sientes que es primavera dentro de ti.

A veces es invierno.

Unas veces te sientes tan alegre...
Con energía, con ganas de bailar,
con ganas de bailarle a la Vida...

Y otras, tan triste, tan enfadada...
Con ganas de descansar, estar sola
y recuperar fuerzas...

Y si deseas respetarte,
no puedes mostrarte diferente a como te sientes...
Puedes acompañarte
o ir en contra de ti misma.

Aunque a menudo
se hace muy difícil respetarse y escucharse...

Pero entonces, recuerda lo poderosa que eres.

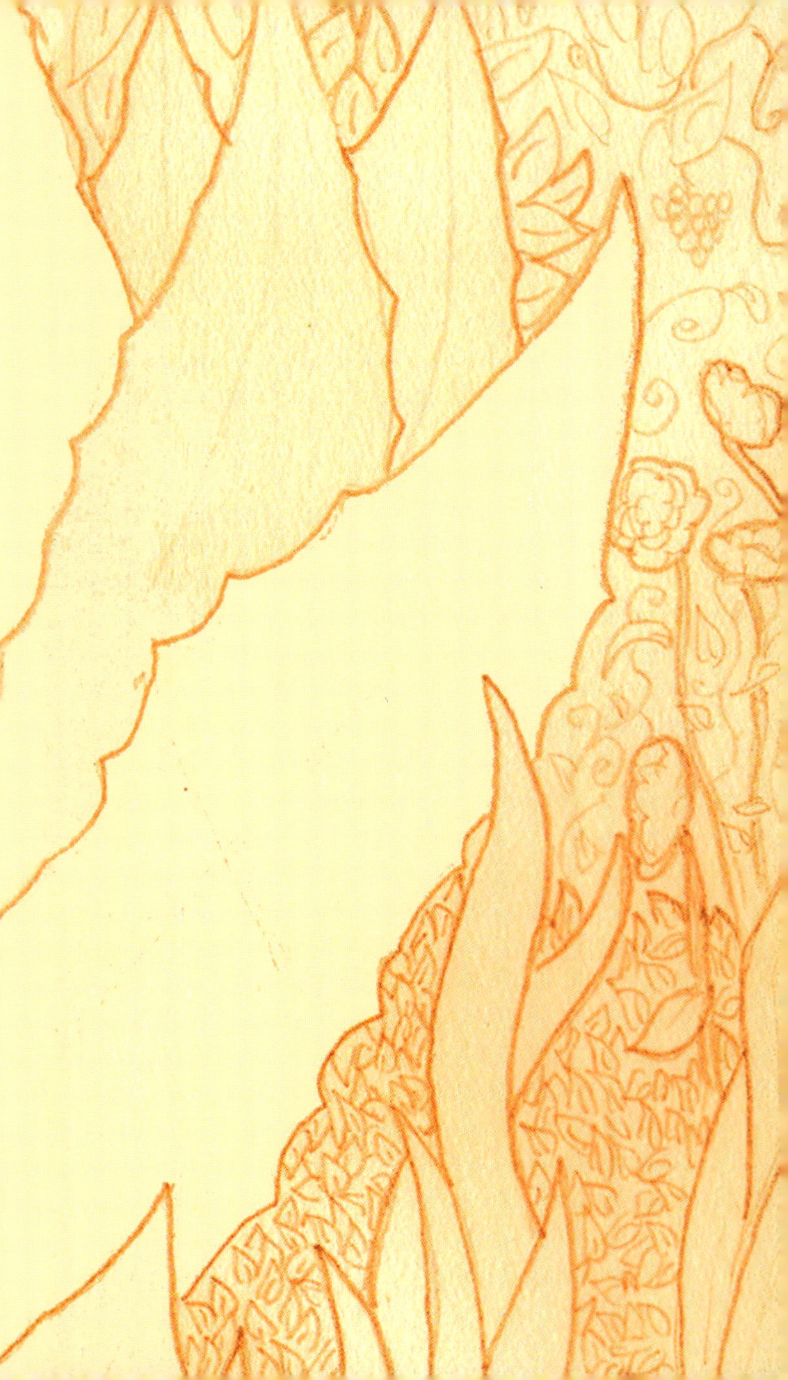

Y si te sientes perdida,
DETENTE.

Conecta de nuevo contigo
y con lo que de verdad te importa y necesitas.
Y, por encima de todo, OBEDÉCETE.

Los silencios, los descansos y la oscuridad
nos nutren y nos regeneran.
Nos permiten crear nuevas raíces y apagar la mente
cuando lo que necesitamos es
escuchar a nuestro corazón.

Recuerda que las niñas somos poderosas.
En nuestro interior llevamos la semilla
del nuevo mundo.

http://ellibrorojodelasninas.blogspot.com.es/
ellibrorojodelasninas@gmail.com